W0404611

mare

Martin Parr   Paolo Pellegrin   Gueorgui Pinkhassov   Mark Power   Robert Voit

VENEDIG

Texte von Zora del Buono   Herausgegeben von Nikolaus Gelpke

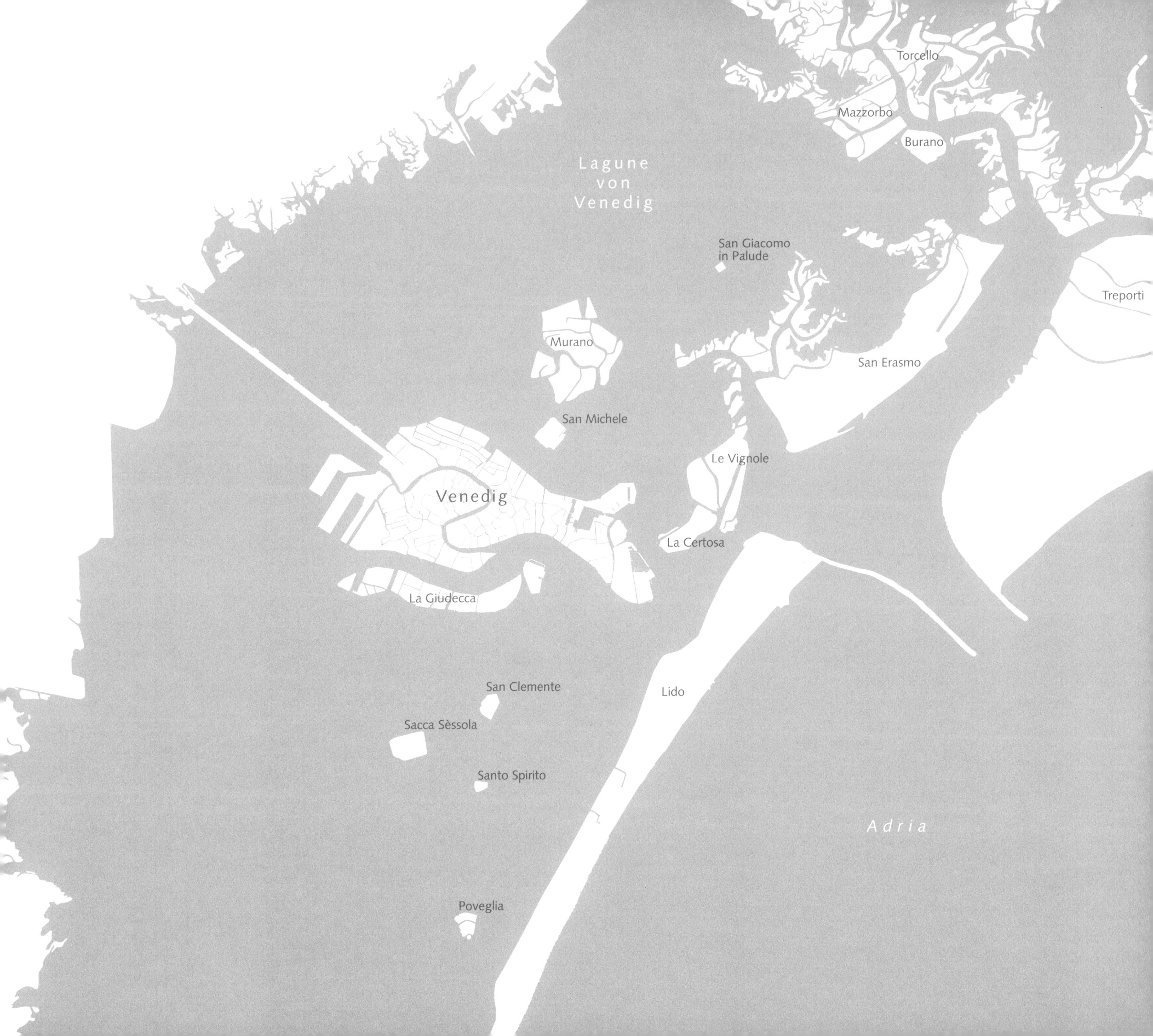
Torcello
Mazzorbo
Burano
Lagune von Venedig
San Giacomo in Palude
Treporti
Murano
San Erasmo
San Michele
Le Vignole
Venedig
La Certosa
La Giudecca
San Clemente
Lido
Sacca Sèssola
Santo Spirito
Adria
Poveglia

Venedig, sie ist die wohl meistfotografierte Stadt der Welt. Ihre einzigartige Schönheit, aber auch ihre unzähligen Klischees sind in ebenso unzähligen Bildern festgehalten. Dennoch erzeugt die Stadt bei jedem, der je in Venedig war, einen ganz persönlichen Eindruck. Spätestens dann weicht das allgemein Bekannte der individuellen Wahrnehmung, und der große Zauber beginnt zu wirken. **mare** begegnete dem zugleich kollektiven wie privaten Bild Venedigs und seinem Glanz auf ebendiese Weise – mit fünf der besten Fotografen der Welt und ihren fünf höchst verschiedenen Ansichten der Lagunenstadt. Jeder von ihnen weilte exklusiv für den **mare**-Bildband mehrere Wochen in Venedig und erarbeitete sich mit unterschiedlichen Aufträgen seine Wahrnehmung. Mithilfe ihrer Bildsprachen entstand eine ungewöhnliche Annäherung an die Stadt. Robert Voit hielt die grandiose Architektur der Paläste, Brücken und Kanäle im Großformat fest; Mark Power besuchte, ebenfalls mit einer Großformatkamera, die einsamen Inseln der Lagune, betrachtete Leben und Landschaft abseits der üblichen Pfade; und Paolo Pellegrin zeigt in Schwarz-Weiß seine ganz eigene Ansicht der Fahrzeuge der Stadt: der Wassertaxis, Vaporetti und Gondeln. Gueorgui Pinkhassov wiederum gab sich ganz dem städtischen Treiben hin. Seine intensiven Impressionen spiegeln die Atmosphäre Venedigs wider; Martin Parr dagegen, der große Menschenbildner, wandte sich ganz den Personen der Stadt zu, Venezianern wie Touristen. Seine berühmte Porträtkunst bringt auch hier ganz ungewöhnliche Ansichten hervor. **mare**-Redakteurin Zora del Buono, beinahe schon mit zweitem Wohnsitz in Venedig, schrieb Texte zu den jeweiligen Kapiteln.

Nikolaus Gelpke, Verleger der **mare**-Gruppe

Robert Voit Die steinerne Stadt

Sie feiern sich selbst, seit Jahrhunderten schon. Die Kirche, die Bürger, die Dogen, der Staat, Patrizierfamilien, alle waren sie beteiligt am Aufbau dieses Gesamtkunstwerks, das sich Venedig nennt. Ausdruck von Macht und Sinn für Geld war es in erster Linie, was die Bauherren zu Höchstleistungen anspornte und die Stars der Malerei und der Architektur nach Venedig ziehen ließ, Lust an Selbstdarstellung und Gespür für den Wandel der Zeit. Byzanz findet sich in den Fassaden wieder, das antike Griechenland schimmert aus den Bauten hervor, die toskanische Renaissance hat sich bis hierher gestreckt, Putten und Geister des Barocks blinzeln von Gesimsen, Blattgold ziert Palazzi der Hochgotik, und natürlich ist da immer wieder der Großbaumeister Andrea Palladio – im Original, als Stil, als Zitat. Diese weltläufige Stadt am Wasser war Begründerin der bedeutendsten Werft ihrer Zeit. Das Arsenale Nove, das neue also, datiert aus dem Jahr 1320. Das alte entstand mindestens 150 Jahre früher. Erbaut, um die Welt zu entdecken und zu erobern, bevölkerte ein Heer von Bootsbauern, Schmieden und Seildrehern dieses riesige Gebiet, wo man über Jahrhunderte Galeeren baute, bis sie von Fregatten abgelöst wurden. Neben all dem Glamourösen gab und gibt es die leise Kleinseite Venedigs, mit einer Profanarchitektur, die beinahe versinkt in der Pracht, Fassaden ohne Schmuck, Hinterhöfe, Gassen. Das 20. Jahrhundert hat wenig Spuren hinterlassen, fantastische Arbeitersiedlungen an den Rändern, einen eleganten Bahnhof, geplant im Faschismus, in seiner heutigen Form zehn Jahre nach Kriegsende fertig gestellt, ein wunderbarer Anbau des Hotels Bauer aus den fünfziger Jahren, ein paar Parkhäuser in üblicher Hässlichkeit bei der Piazzale Roma und jetzt, auf der Insel Giudecca, moderne Wohnarchitektur der Jahrtausendwende, blassgrün, reduziert in Form und Ausdruck. Venedig ist im Heute angekommen. Und feiert sich selbst.

Piazza San Marco, San Marco

Campo della Pescaria, San Polo

Rio delle Muneghette, Santa Croce

Ferrari

Canal Grande, San Marco und San Polo

Bacini di Carenággio, Castello

Calle Pasqualigo, San Marco

Dársena Grande im Arsenale, Castello

Arsenale, Castello

Canale di Cannaregio, Cannaregio

FARMACIA
HOTEL BIASIN

Piazza San Marco, San Marco

Rio Nuovo, Santa Croce

Calle del Bastiòn, Dorsoduro

Canal Grande, Dorsoduro

Calle Fianco della Scuola, Dorsoduro

CALLE FIANCO
DE LA SCUOLA

Dársena Grande im Arsenale, Castello

Calle de la Fenice und Rio della Verona, San Marco

Gueorgui Pinkhassov Der Glanz der Serenissima

Seit einigen Wochen hatte das Heimweh nach Venedig mich geplagt. Sooft ich an Venedig dachte, war es wie ein mildes, warmes Lied, wie die Verheißung einer Liebesnacht, wie ein tiefer Klang voll schwelgerischer Schönheit und leiser, zart genossener Melancholie. Hermann Hesse. „Venedig!" Und wahrhaftig, schwimmend auf dem stillen Meer, das nur eine Meile entfernt war, lag da eine große Stadt, deren Kastelle und Kuppeln und Kirchtürme im goldenen Dunst des Sonnenuntergangs schlummerten. Mark Twain. Wenn man den Canal Grande hinauffährt, zwischen den beiden Reihen seiner durch die Jahrhunderte gezeichneten Paläste, wenn man sich auf die Piazza Grande und die Piazza Minore begibt, wenn man die Basilika, den Dogenpalast und die Procurazie Nove, die Zecca, den Glockenturm, den Turm von San Marco, die Löwensäule betrachtet und all dies vermischt mit Segeln und Schiffsmasten, mit der Bewegung der Menge und der Gondeln, mit dem Azur des Himmels und des Meeres, dann sind die Launen eines Traumes oder die Spiele einer orientalischen Einbildungskraft um nichts fantastischer. François-René de Chateaubriand. Im Winter erwachst du in dieser Stadt, vornehmlich am Sonntag, beim Läuten unzähliger Glocken, als vibriere hinter deinen Gazevorhängen ein gigantisches Teeservice aus Porzellan auf einem silbernen Tablett im perlgrauen Himmel. Du reißt das Fenster auf, und das Zimmer wird im Nu von diesem geläutbefrachteten Dunst draußen überflutet, der zum Teil aus Sauerstoff und zum Teil aus Kaffee und Gebeten besteht. Joseph Brodsky. Und es ist zwecklos zu behaupten, dass das Venedig der Touristen nicht das wirkliche Venedig sei, was bei anderen Städten möglich ist – bei Rom, Florenz oder Neapel. Das Touristen-Venedig ist Venedig; die Gondeln, die Sonnenuntergänge, die wechselnde Beleuchtung, das Café Florian, das Café Quadri Torcello, Harry's Bar, Murano, Burano, die Tauben, Glasperlen, der Vaporetto. Venedig ist eine Faltpostkarte seiner selbst. Mary McCarthy.

Paolo Pellegrin Wasserwelten

Frühmorgens, der Hund geht ohne Leine, eine leere Gasse. Kein Mensch, Plastiktüten mit Müll neben den Hauseingängen. In die Stille hinein das Tuckern eines Motors, ein voll beladenes Güterschiff Topo fährt unter einer gedrungenen Brücke durch. Hundert Meter weiter die ersten Leute, es werden mehr, Engegefühl, sie eilen zum Canal Grande. Ein schwankender Ponton, in der Ecke ein verquollener Mann im Schlafsack, strenger Geruch. Das Linienschiff Vaporetto legt an, es ist die Linie 1 Accelerata, langsam sammelt sie die Menschen auf, lässt keine Station aus. Maulkorb für den Hund, der sich der Prozedur ergibt, das Schiff legt röhrend ab. Linie 82 Diretto zieht zügig vorbei, wird wiederum selbst überholt von einem Taxi Motoscafo, sehr elegant und glänzend. Die nächste Brücke zu weit, um den Kanal zu überqueren; in schmalen Holzbooten Traghetti stehen Menschen, die sich zum Markt am Rialto übersetzen lassen, Einkaufstaschen in den Händen. Der Fährmann steckt sein langes Ruder in den sumpfigen Boden und schiebt das fragile Gefährt über den Canal Grande. An algenüberzogenen Stufen legt die Ambulanz Pronto Soccorso an, zwei Männer und eine Frau in schreiend orangen, wasserdichten Kleidern gehen an Land, einen Tragesitz in den Händen, Notfallkoffer dabei. Das Ospedale San Giovanni e Paolo ist nicht weit. Aus den Tiefen eines dunklen Seitenkanals kommen zwei Schiffe um die Ecke gebogen, das eine entsorgt Müll Vesta, das andere macht einen Umzug Trasloccho. Der Hund schreckt auf, Sirenen, die Polizei Polizia, dahinter die Feuerwehr Pompieri in rasendem Tempo. Gischt spritzt, der Kanal öffnet sich zur Lagune, Vaporetti ziehen aneinander vorbei, kreuzen, dazwischen immer wieder Gondeln Gondole, romantische Menschen sitzen in ihnen. Die Linie 1 legt an, schaukelt sehr von den Wellen, der Hund rennt, von Maulkorb und Leine befreit, von Bord, jagt Tauben vor dem Hotel Danieli, das Flughafenschnellboot Alilaguna rattert zum Steg, vor die ganze Kulisse schiebt sich übergroß ein Kreuzfahrtschiff Crociera, die Autofähre Traghetto zieht vorbei auf ihrem Weg zum Lido. Den Hund kümmert es nicht. Verkrustete Reste von Katzenfutter in rotem Napf müssen ausgeleckt werden, Schiffe hin oder her.

LINES highspeed
ORIANA

NO TUG
NO TUG
NO TUG

EZIA - Pubblica Istruzione
GV 30114
SME

Actv 18

SOPHOCLES V

Veronese
ctv

POLIZIA

Mark Power Inselwelten

Während die steinerne Brillanz Venedigs dazu verleitet, an Ewigkeit und Beständigkeit zu glauben, wird, wer sich den Inseln hingibt, vor allem auf eines hingewiesen: Endlichkeit, die eigene, die der anderen und die ganzer Gesellschaften. Was einst war, ist nicht mehr, und auch was einst glorreich war, liegt nun brach danieder, was heute mondän ist, wird morgen vielleicht bleich und tot sein, was heute unbewohnt ist, möglicherweise zu Glanz erblühen und doch wieder versinken. Vor tausend Jahren galt Torcello als die mächtigste Insel der Lagune, heute ist sie Geisterland, der Malaria wegen entvölkert. Vierzig Inseln gebe es, sagt man von offizieller Seite, doch sind es viel mehr. Hunderte Eilande steigen aus dem diesigen Wasser auf, kleine Steingebilde oder sumpfige Wiesenflächen, leer, bebaut oder verlassen. Ein jedes hat seine Zeit, auch eine Insel. War Santo Spirito ein heiliger Ort, auf dem Kunstschätze vor Feinden versteckt wurden, so steht jetzt kein Gebäude mehr. Sperrte man auf San Clemente einst Geisteskranke ein, lassen sich heute die Gewinner der Gesellschaft in dem Gemäuer mit fünf Sternen beherbergen. Alles, was den Venezianern gefährlich werden konnte, wurde auf die Inseln verbannt, manches auch nur, weil es lästig war: Kranke, Irre, Hunde und Katzen, Gefangene, Pilger und Glasbläser, Pulverdepots und Militärkasernen. So sind eigene Charaktere entstanden, Inseln mit unverwechselbaren Biografien, solche, die sich dem Glas widmen wie Murano, der Spitzenklöppelei wie Burano oder dem Gemüseanbau wie Poveglia. Die Königin ist San Michele, von der Stadt aus sichtbar, für Venezianer der tägliche Blick auf ihre letzte Station. Ein Ort, der das Sterben nicht verdrängt und vergisst, sondern es sich zur Lebensaufgabe gemacht hat, eine Herberge der Toten, die die Poesie der Vergänglichkeit zum Schwingen bringt. Ein paar Schiffsminuten weiter dann die Badenden auf dem Lido, mondäne Hotelpaläste, Autoverkehr, lautes Strandleben. So ist das heute. Doch auch dies wird nicht ewig gelten. Auch der Lido wird eines Tages den Weg alles Lebendigen gehen und sich wandeln, wird irgendwann ruhen und modern.

Poveglia

La Giudecca

Lido di Venezia

Burano

La Giudecca

Santo Spirito

Murano

La Giudecca

Isola di San Michele

Treporti

Burano

San Clemente

Isola di San Michele

Pellestrina

San Giacomo in Palude

Poveglia

Pellestrina

Pellestrina

Martin Parr Der Tourist ist auch ein Mensch

12 000 000 Besucher jährlich, das sind 32 876 täglich – und das bei einer Stadt, die 70 000 Einwohner hat, von denen 25 000 auf den Inseln wohnen. 75 Prozent der Touristen kommen nur für einen Tag, und die Beseitigung ihres Abfalls kostet 6 800 000 Euro im Jahr. Jährlich ziehen 1000 Venezianer aufs Festland, wo es kaum Touristen und wenig Ratten gibt. Eine venezianische Ratte wiegt 500 Gramm und kann gut schwimmen; 112 000 Euro werden im Jahr für ihre Vergiftung ausgegeben. Rund 1000 Fischer fischen illegal Muscheln für die 1500 Restaurants der Stadt. 200 illegale Senegalesen verkaufen gefälschte Handtaschen an die Touristen. 50 Euro Strafe bezahlt man für das Umhergehen mit nacktem Oberkörper. 90 Prozent der Bürger Venedigs sterben im Krankenhaus San Giovanni e Paolo. 50 000 Euro kostet ein Familiengrab auf der Friedhofsinsel San Michele für 100 Jahre.

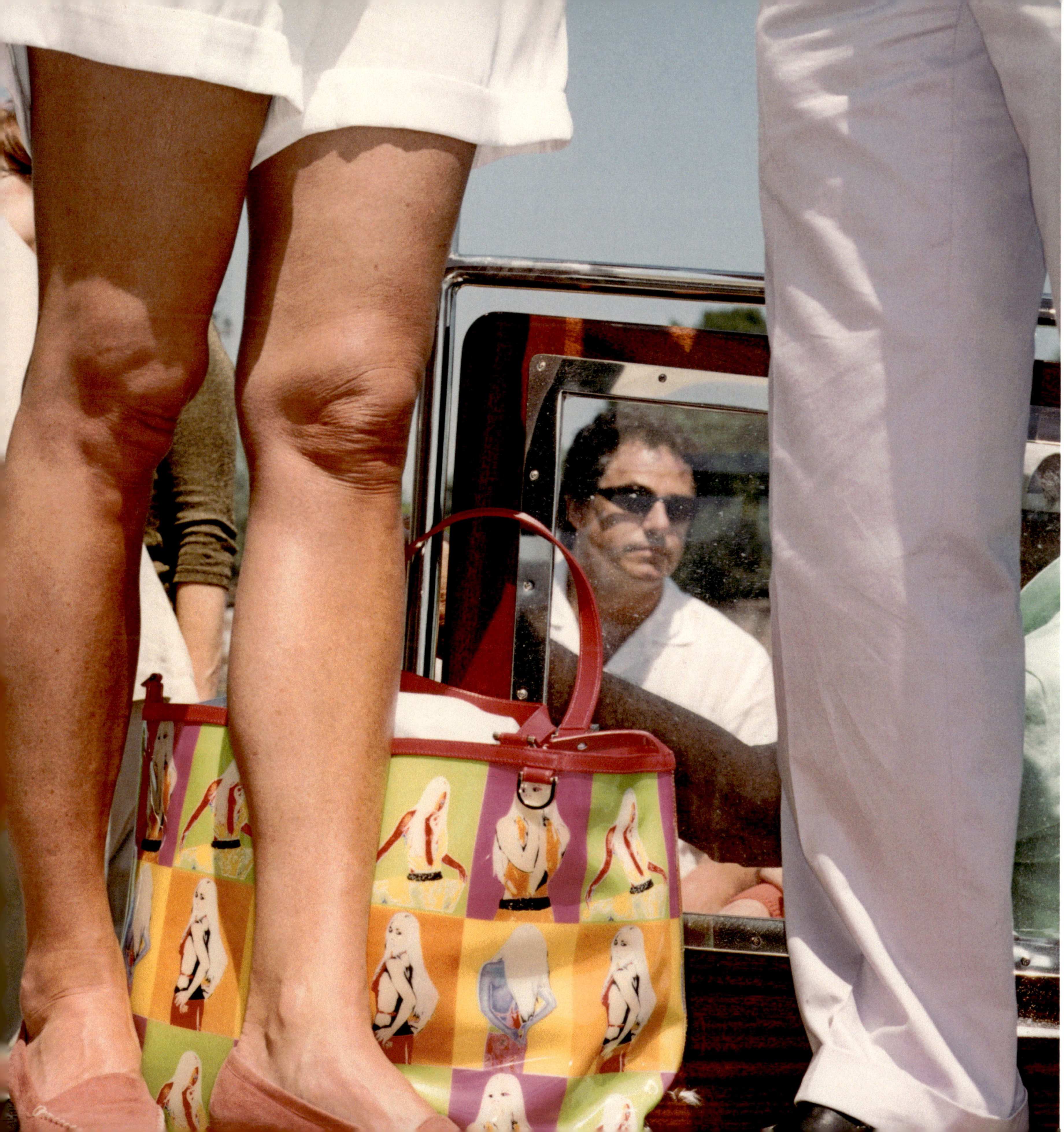

liebt mich
Liebt mich nicht

AFICO
SOUL DARK

SONY

Italia
Paris
DH

ENGLAND

Martin Parr

1952 im englischen Epsom geboren, studierte in Manchester Fotografie. Seiner Aufnahme in die Agentur Magnum war 1994 wegen seines provokativen fotografischen Stils eine heftige Debatte vorausgegangen. Parr arbeitet vorwiegend mit Blitzlicht; die Bilder zeichnen sich daher durch eine Schonungslosigkeit aus, die dank seines britischen Humors eine gewisse Gnade erfährt.

„Es war schön, wieder in Venedig zu sein. Zehn Jahre ist es her, dass ich hier zuletzt Touristen fotografiert hatte. Dieses Mal kam es mir chaotischer vor. Venedig ist aufregend wie ein Vergnügungspark; die Touristen schwärmen wie Bienen um einen Topf voll Honig – der allerdings Jahr für Jahr umso weniger wird, je größer die Gier danach ist."

Paolo Pellegrin

1964 in Rom geboren, seit 2003 Mitglied der Agentur Magnum. Mit Fotografien aus dem Kosovo gewann er im Jahr 2000 den ersten Preis des World Press Photo Award. 2002 wurde er für eine Arbeit über Algerien erneut mit dem ersten Preis dieses Wettbewerbs ausgezeichnet; im selben Jahr veröffentlichte er sein Buch „Kosovo: The Flight of Reason". Sein Blick auf die Welt ist voller Dramatik, seine Bilder sind streng grafisch und geheimnisvoll zugleich.

„Was mir half, die Stereotypen dieser Stadt zu vergessen, war: sich einzulassen auf Venedigs Zauber – nämlich hinter jeder Häuserecke eine neue Welt zu finden, zur gleichen Zeit an ungleichen Plätzen zu sein: in Kulisse, Märchen, Traum."

Gueorgui Pinkhassov

geboren 1952 in Moskau, studierte an der Filmhochschule in Moskau. Andrej Tarkowskis Filme waren prägend für seine Arbeiten. 1985 zog er nach Paris, seit 1988 ist er Mitglied der Agentur Magnum. Pinkhassovs Fotografien sind von flirrender Schönheit und Leichtigkeit, was sich mit einem Zitat von ihm am besten verdeutlichen lässt: „Die Welt braucht Selbstbewunderung. Alles, was zählt, ist Neugier."

„Als ich aus Venedigs Bahnhof trat, diesem beton- und glasstarren urbanen Europa, habe ich nur Stadt gesehen. Aber wo ich Straßen erwartete und Busse, sah ich alles schwanken, sah ich keine horizontalen, sondern vertikale Rhythmen, eine neue Freiheit der Bewegung. Warum bloß sind all diese Schätze ins Wasser gestellt? Eine romantische Dummheit, scheint es, wie die Liebe im Wasser, und ein Rätsel der Alchimie."

Mark Power

Das Werkzeug des 1959 im englischen Harpenden geborenen Power ist die Großformatkamera. Diese aufwendige und immer seltener werdende Technik erfordert präzises Sehen und vorausschauendes Denken. Powers künstlerische Arbeiten wurden in zahlreichen Galerien gezeigt. Der Magnum-Fotograf ist zudem Dozent an der Universität Brighton.

„In den engen Kanälen begriff ich, dass Venedig eine wirkliche, funktionierende Stadt ist. Und doch sah ich bald überall auch das mythische Venedig. Bootsleute, die scheinbar über Wasser gehen konnten, als hätten sie Schwimmhäute an den Füßen; abseitige, geheimnisvolle Wässer, auf die aus hohen Fenstern gespenstische Gesichter blickten; die leere Weite der Lagune, ihre stille gläserne Oberfläche. Ich hatte das andere, das unbekannte Venedig gesehen."

Robert Voit

1969 geboren in Erlangen, studiert seit 2001 an der Kunstakademie Düsseldorf bei dem weltweit bedeutenden Fotografiekünstler Professor Thomas Ruff. Voit ist ein Magier des Lichts, der seine Großformatkamera mit der Leichtigkeit einer Kleinbildkamera bedient. Seine Arbeiten waren in zahlreichen Ausstellungen im In- und Ausland zu sehen.

„Venedig ist ja ganz schön, aber bitte schafft die Fensterläden ab! Die Venezianer haben die Angewohnheit, diese immer genau dann zu schließen, wenn ich fotografieren möchte. So verschwinden die schönsten Bilder der blauen Stunde. Aus einer Gasse, in die gerade noch das pralle Leben aus den hell erleuchteten Fenstern drang, wird wie auf ein geheimes Kommando ein geschlossenes Museum."

Herausgeber
Nikolaus Gelpke

Fotografie
Martin Parr/Magnum/Agentur Focus, Paolo Pellegrin/Magnum/Agentur Focus, Gueorgui Pinkhassov/Magnum/Agentur Focus, Mark Power/Magnum/Agentur Focus, Robert Voit
Assistenz (Pellegrin/Power): Diego Orlando

Gestaltung
Nadja Zobel

Bildredaktion
Barbara Stauss

Texte
Zora del Buono

Textredaktion
Karl J. Spurzem

Karte
Carlos Borrell

Satz/Reproduktion/Produktion
MetaServices

Druck/Bindung
GCC Grafisches Centrum Cuno

Die Abbildungen sind mit frequenzmoduliertem Raster wiedergegeben.

Papier
Zur Verwendung kam GardaPat 13/klassica.

Der Einband wurde hergestellt aus Brillianta-Leinen von Van Heek-Scholco, der Vorsatz aus Gmund Colors.

Textnachweis
Hermann Hesse: „Italien", Suhrkamp Verlag, Frankfurt am Main, 1983; Mark Twain: „Reisen ums Mittelmeer", Insel Verlag, Frankfurt am Main, 1996; Joseph Brodsky: „Ufer der Verlorenen", aus dem Amerikanischen von Jörg Tobitius, Fotografien von Peter-Andreas Hassiepen, © 2003 Carl Hanser Verlag, München/Wien; Mary McCarthy: „Venedig", Droemersche Verlagsanstalt Th. Knaur Nachf., München, Zürich, 1968.

Unser Dank gilt Margot Klingsporn.

mare dreiviertel verlag GmbH & Co. KG
Pickhuben 2
20457 Hamburg
Telefon +49/40/36 98 59-0
Fax +49/40/36 98 59-90
www.mare.de

ISBN 3-936543-97-6